DATE DUE

DINOSAURIOS
ACORAZADOS

POR **"DINO" DON LESSEM**
ILUSTRACIONES POR **JOHN BINDON**

EDICIONES LERNER / MINNEAPOLIS

Para Ken Carpenter, experto en dinosaurios acorazados

Traducción al español: copyright © 2006 por ediciones Lerner
Título original: *Armored Dinosaurs*
Texto: copyright © 2005 por Dino Don, Inc.
Ilustraciones: copyright © 2005 por John Bindon

Fotografías cortesía de: © Charles Gilmore, Instituto Smithsoniano, Museo Nacional de Historia Natural, pág. 28; Museo Estadounidense de Historia Natural, pág. 29; © Dinamation International Corporation, pág. 30; © Pat Crowe, pág. 31.

La edición en español fue realizada por un equipo de traductores nativos de español de translations.com, empresa mundial dedicada a la traducción.

ediciones Lerner
Una división de Lerner Publishing Group
241 First Avenue North
Minneapolis, MN 55401 EUA

Dirección de Internet: www.lernerbooks.com

Library of Congress Cataloging-in-Publication-Data

Lessem, Don.
    (Armored dinosaurs. Spanish)
    Dinosaurios acorazados / por "Dino" Don Lessem ; ilustraciones por John Bindon.
        p.   cm. — (Conoce a los dinosaurios)
    Includes index.
    ISBN-13: 978-0-8225-2949-1 (lib. bdg. : alk. paper)
    ISBN-10: 0-8225-2949-1 (pbk. : alk. paper) 1. Ornithischia—Juvenile literature.
    I. Bindon, John, ill. II. Title.
    QE862.O65L4818 2006
    567.915—dc22   2005008917

Fabricado en los Estados Unidos de América
1 2 3 4 5 6 - DP - 11 10 09 08 07 06

CONTENIDO

CONOCE A LOS DINOSAURIOS ACORAZADOS

¡BIENVENIDOS, FANÁTICOS DE LOS DINOSAURIOS!

Soy "Dino" Don. Los dinosaurios son mis animales favoritos. Los dinosaurios acorazados tenían fuertes armaduras para protegerse. Éstos son algunos datos sobre los dinosaurios acorazados que conocerás en este libro. ¡Que te diviertas!

ANKYLOSAURUS
Longitud: 25 pies (7.6 metros)
Hogar: oeste de Norteamérica
Época: hace 65 millones de años

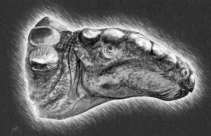

EDMONTONIA
Longitud: 23 pies (7 metros)
Hogar: oeste de Norteamérica
Época: hace 75 millones de años

EUOPLOCEPHALUS
Longitud: 17 pies (5 metros)
Hogar: oeste de Norteamérica
Época: hace 75 millones de años

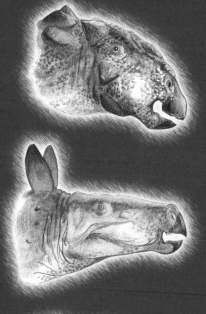

GASTONIA
Longitud: 20 pies (6 metros)
Hogar: oeste de Norteamérica
Época: hace 130 millones de años

HUAYANGOSAURUS
Longitud: 13 pies (4 metros)
Hogar: este de Asia
Época: hace 170 millones de años

MINMI
Longitud: 10 pies (3 metros)
Hogar: Australia
Época: hace 110 millones de años

PINACOSAURUS
Longitud: 18 pies (5.5 metros)
Hogar: este de Asia
Época: hace 00 millones de años

STEGOSAURUS
Longitud: 25 pies (7.6 metros)
Hogar: oeste de Norteamérica
Época: hace 145 millones de años

SALVADO POR LA CORAZA

¡Aquí viene un *Albertosaurus* hambriento! Es mucho más grande y rápido que el *Edmontonia*, pero el *Edmontonia* está cubierto por púas y placas óseas. El *Albertosaurus* no lo puede morder ni arañar a través de esta gruesa **coraza.**

LA ÉPOCA DE LOS DINOSAURIOS ACORAZADOS

Huayangosaurus

Stegosaurus

Hace 170 millones
de años

Hace 145 millones
de años

El *Edmontonia*, el *Albertosaurus* y otros
dinosaurios vivieron sobre la superficie
de la Tierra hace millones de años. Los
dinosaurios se parecían a los reptiles en
algunas cosas. Ponían huevos, como las
serpientes y otros reptiles, pero no eran
reptiles. Las aves son parientes más
cercanos de los dinosaurios que los reptiles.

Minmi

Pinacosaurus

Ankylosaurus

Hace 110 millones
de años

Hace 80 millones
de años

Hace 65 millones
de años

Un grupo de dinosaurios tenía el cuerpo
acorazado. Los científicos piensan que la
coraza les ayudaba a protegerse de los
depredadores. Los **depredadores** son
animales que matan y comen otros
animales. Los dinosaurios acorazados no
eran depredadores. Sólo comían plantas.

9

HALLAZGOS DE FÓSILES DE DINOSAURIOS

Los números en el mapa de la página 11 indican algunos de los lugares donde se han encontrado fósiles de los dinosaurios que aparecen en este libro. En esta página puedes ver los nombres y las siluetas de los dinosaurios que corresponden a los números en el mapa.

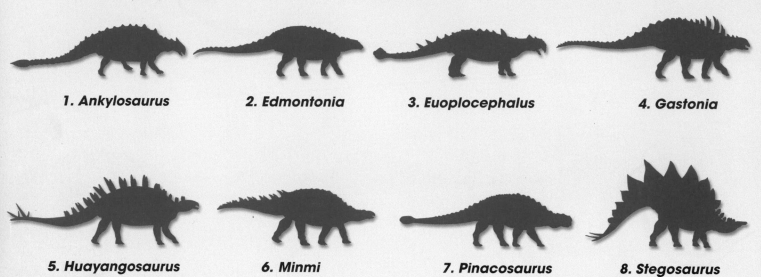

1. Ankylosaurus   2. Edmontonia   3. Euoplocephalus   4. Gastonia

5. Huayangosaurus   6. Minmi   7. Pinacosaurus   8. Stegosaurus

Conocemos a los dinosaurios acorazados por los rastros que dejaron, llamados **fósiles.** Las huellas, las púas y las placas óseas ayudan a los científicos a comprender cómo era la constitución física de estos dinosaurios. Sin embargo, los fósiles no nos pueden decir de qué color eran los dinosaurios ni el aspecto de su piel y de sus músculos.

Aun así, los fósiles son nuestra mejor pista para resolver el acertijo de cómo era la vida de los dinosaurios acorazados. Se han encontrado fósiles de estos extraños animales en todo el mundo.

11

PLACAS, PÚAS Y MAZOS

El depredador mortal *Utahraptor* ataca.
Intenta despedazar al *Gastonia* con sus
filosas garras, tan largas como un cuchillo
para cortar carne. Pero el *Gastonia* tiene la
armadura más dura de todos los dinosaurios.
El *Utahraptor* no puede atravesarla. El
deprededor se da por vencido.

Los dinosaurios carnívoros eran más
rápidos e inteligentes que los dinosaurios
acorazados. Sin embargo, las gruesas
placas y púas protegían a los dinosaurios
acorazados de los ataques. ¡Hasta los
párpados estaban cubiertos de hueso!

Las placas gigantes del lomo del *Stegosaurus*
quizá hayan ahuyentado a algunos
depredadores, aunque es probable que su
propósito haya sido más estético que
protector. Este macho de gran tamaño luce
sus placas para atraer a la hembra.

Las placas también pueden haber ayudado
al *Stegosaurus* a calentarse y enfriarse. Es
posible que las placas absorbieran el calor
del sol cuando el *Stegasaurus* tenía frío y que
le hayan servido para eliminar el calor
cuando fuera necesario. ¡Calentarse y
enfriarse no debe haber sido fácil para un
animal tan grande como un camión!

El *Euoplocephalus* sacude el enorme mazo acorazado que es su cola. Cualquier animal tendría cuidado cerca de un arma como ésta. Pero estos *Pachycephalosaurus* son herbívoros pacíficos. ¿Por qué les apunta con el mazo?

Los visitantes de cabeza abovedada quieren
alimentarse de las plantas que come el
Euoplocephalus. Los dinosaurios acorazados
sólo podían alcanzar las plantas que crecen
a poca altura, como hierbas y helechos. Es
posible que una cola con mazo haya
ayudado a algunos dinosaurios acorazados
a proteger su alimento.

¿Podrán las púas del lomo y la coraza
salvar al *Ankylosaurus* del *Tyrannosaurus
rex*? Tal vez, pero el *Ankylosaurus* no tiene
coraza en el vientre. El *T. rex* trata de
voltear al *Ankylosaurus* para llegar a la
carne blanda.

El *Ankylosaurus* se agacha sobre sus
poderosas patas. Esto gigante acorazado
pesa lo mismo que cuatro automóviles. Es
tan pesado y está tan cerca del suelo que
el *T. rex* no puede voltearlo. Es probable
que muchos dinosaurios acorazados hayan
sobrevivido ataques al agacharse.

LA VIDA Y LA MUERTE

¿Cómo nacían los dinosaurios acorazados? Los científicos creen que nacían de huevos, como otros dinosaurios. Los dinosaurios acorazados eran muy pequeños al nacer.

No sabemos si los recién nacidos, como este
Minmi, tenían coraza. Si no la tenían, es
probable que los depredadores hubieran
podido matarlos fácilmente. Tal vez las
madres acorazadas hayan anidado en
grupos para proteger los huevos y las crías.

Una cría de *Huayangosaurus* acaba de salir
del huevo. Se aleja de su nido. Cerca de allí,
dos *Gasosaurus* hambrientos esperan para
devorarlo. Los padres del recién nacido y
otros adultos llegan justo a tiempo. Juntos
ahuyentan a los *Gasosaurus*.

El *Huayangosaurus* no tenía una cola con
mazo para defenderse. Las placas del lomo
no eran muy grandes. Sin embargo, un grupo
de estos dinosaurios hubiera sido capaz de
ahuyentar a los depredadores grandes.

La coraza no siempre podía proteger a los
dinosaurios. Estas crías de *Pinacosaurus* se
amontonan bajo una duna. ¡Están
atrapadas en una tormenta de arena!

Los dinosaurios acorazados enfrentaban
muchos peligros además de los carnívoros
hambrientos. Las inundaciones y las
tormentas acababan con muchos de ellos.
Sin embargo, vivieron en todo el mundo
durante 100 millones de años.

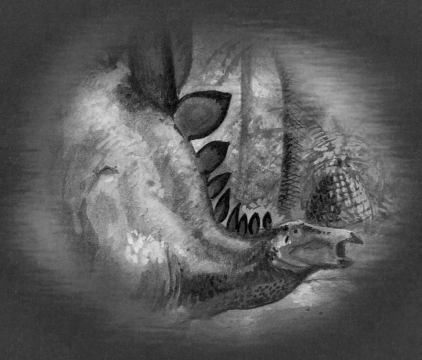

MISTERIOS DE LOS
DINOSAURIOS ACORAZADOS

Los últimos dinosaurios acorazados murieron súbitamente hace 65 millones de años, igual que el resto de los dinosaurios. ¿Qué sucedió? Los científicos todavía intentan resolver este misterio. Muchos piensan que un objeto del espacio, conocido como **asteroide,** se estrelló contra la Tierra.

El choque del asteroide pudo haber
provocado incendios y la erupción de
volcanes. Es posible que el aire se llenara
de polvo y que éste bloqueara la luz del
sol. Estos cambios habrían matado a los
dinosaurios, otros animales y muchas
plantas.

La historia del *Stegosaurus* es otro famoso
misterio de los dinosaurios acorazados.
Los primeros fósiles de *Stegosaurus* fueron
encontrados hace más de 100 años.
Faltaban algunos huesos del esqueleto.
Las placas del lomo yacían en el suelo.
No estaban unidas al dorso del esqueleto.

Los científicos no podían explicar cómo estaban montadas las placas en el cuerpo de un *Stegosaurus* vivo. ¿Tenían una fila de placas o dos? Durante años, los científicos construyeron distintos modelos del *Stegosaurus*. Los artistas los dibujaban de diferentes maneras.

En la década de 1990, un grupo de científicos
en Colorado encontró nuevas pistas para
resolver el misterio del *Stegosaurus*.
Desenterraron esqueletos de *Stegosaurus* que
todavía tenían casi todos los huesos en su lugar.
Estos fósiles indicaban que el *Stegosaurus* tenía
dos filas de placas en el lomo.

El misterio del *Stegosaurus* ha sido resuelto.
Sin embargo, siempre querremos saber
más sobre los dinosaurios acorazados,
como el *Stegosaurus* y este *Gastonia*. Están
entre los animales más extraños e
interesantes que han habitado la Tierra.

GLOSARIO

asteroide: roca grande que se mueve en el espacio

coraza: púas y placas óseas del cuerpo de algunos dinosaurios

depredadores: animales que cazan y comen otros animales

fósiles: restos, huellas o rastros de algo que vivió hace mucho tiempo

ÍNDICE